AF277572

Documento de Trabajo
Serie Unión Europea y Relaciones Internacionales
Número 153/2025

Tendencias en la información sobre gestión de riesgos en derechos humanos en la empresa

Orencio Vázquez*

Amaya Acero Estival**

*   Director del Observatorio de Responsabilidad Social Corporativa y Profesor asociado en la UNED.

**   Coordinadora Plataforma por Empresas Responsables - Responsable de Empresas y Derechos Humanos Observatorio RSC.

El Real Instituto Universitario de Estudios Europeos de la Universidad CEU San Pablo, Centro Europeo de Excelencia Jean Monnet, es un centro de investigación especializado en la integración europea y otros aspectos de las relaciones internacionales.

Los documentos de trabajo dan a conocer los proyectos de investigación originales realizados por los investigadores asociados del Instituto Universitario en los ámbitos histórico-cultural, jurídico-político y socioeconómico de la Unión Europea.

Las opiniones y juicios de los autores no son necesariamente compartidos por el Real Instituto Universitario de Estudios Europeos.

Los documentos de trabajo están también disponibles en: www.idee.ceu.es

Serie *Unión Europea y Relaciones Internacionales* de documentos de trabajo del Real Instituto Universitario de Estudios Europeos

Tendencias en la información sobre gestión de riesgos en derechos humanos en la empresa

CEU *Ediciones*
Julián Romea 18, 28003 Madrid
Teléfono: 91 514 05 73
Correo electrónico: ceuediciones@ceu.es
www.ceuediciones.es

Real Instituto Universitario de Estudios Europeos
Avda. del Valle 21, 28003 Madrid
www.idee.ceu.es

ISBN: 978-84-19976-85-7
Depósito legal: M-11097-2025

Maquetación: CEU Ediciones

Índice

1. Introducción

En las últimas décadas, la relación entre las empresas y los derechos humanos (DDHH) ha cobrado una importancia creciente en la agenda internacional. La globalización y la interconexión de los mercados han puesto de manifiesto la necesidad de que las empresas adopten prácticas responsables y transparentes que respeten los derechos humanos. Diversas iniciativas internacionales y regionales han surgido con el objetivo de establecer marcos normativos y directrices que promuevan la responsabilidad empresarial en este ámbito.

El trabajo de las Naciones Unidas en el campo de empresa y los DDHH se remonta a los años 70. En el año 1972 el Consejo Económico y Social de las Naciones Unidas (ECOSOC) solicita al secretario general la creación de un grupo de expertos que estudie los efectos de la empresa transnacional en el desarrollo y relaciones internacionales. Este grupo recomienda la creación de una comisión y un centro de información, siguiendo sus recomendaciones el ECOSOC crea un centro de información e investigación sobre empresas multinacionales y una comisión en esta materia. A partir de su creación, la Comisión comenzó a trabajar en la elaboración de un código de conducta que constituía un intento por parte de Naciones Unidas de proporcionar directrices sociales y medioambientales a nivel global para las empresas transnacionales, pero finalmente este código no fue aprobado. Después del fracaso del proyecto del código de conducta, la Subcomisión de las Naciones Unidas para la Promoción y Protección de los DDHH aprobó las Normas sobre las responsabilidades de las empresas transnacionales y otras empresas comerciales en la esfera de los DDHH el 13 de agosto de 2003, que finalmente tampoco fueron aprobadas por parte de la Comisión. Después de dos intentos fallidos, la Comisión de Derechos Humanos, en su resolución 2005/69, aprobada en 2005, pidió al Secretario General que designara a un representante especial para la cuestión de los derechos humanos y las empresas. Fruto de sus trabajos se el 16 de junio 2011 el Consejo de Derechos Humanos de Naciones Unidas aprobó en su resolución 17/4 los "Principios Rectores sobre las Empresas y los Derechos Humanos", uno de los marcos más influyentes en campo de las empresas y los derechos humanos. Los Principios Rectores sobre las Empresas y los Derechos Humanos de las Naciones Unidas, conocidos como los Principios de Ruggie, se basan en tres pilares fundamentales: proteger, respetar y remediar. Los Estados tienen la obligación de proteger los derechos humanos, las empresas tienen la responsabilidad de respetarlos y ambos deben proporcionar mecanismos eficaces para remediar las violaciones. Estos principios han sido ampliamente aceptados y han servido de base para numerosas iniciativas y regulaciones a nivel global.

Finalmente, el Consejo de Derechos Humanos de Naciones Unidas a través de la Resolución 26/9 aprobada por este mismo Consejo en junio de 2014 creaba el Grupo de Trabajo Intergubernamental de composición abierta sobre las empresas transnacionales y otras empresas con respecto a los derechos humanos con el fin de discutir la posibilidad de crear un tratado internacional de carácter vinculante que aborde la problemática de la empresa y los derechos humanos.

Por su parte, la OCDE aprueba en 1976 las Líneas Directrices de para Empresas Multinacionales sobre Conducta Empresarial Responsable, actualizadas en 2023, que dotan de un marco de actuación a las empresas responsables y comprometidas con los derechos humanos, aunque al igual que los Principios Rectores son de carácter no vinculante. La OCDE publicó en 2018 de la Guía de la OCDE sobre debida diligencia, un texto que proporciona apoyo práctico a empresas y organizaciones para la implementación de las líneas Directrices y para la clarificación de conceptos relacionados con la debida diligencia y su implementación.

En el transcurso del periodo reciente, la Unión Europea (UE) ha manifestado un compromiso creciente con la articulación de un marco normativo que vincule de manera más intrínseca las actividades empresariales con el respeto y la promoción de los derechos humanos, así como con la sostenibilidad ambiental. Esta evolución normativa refleja un reconocimiento de la necesidad de trascender los esquemas de autorregulación y establecer obligaciones concretas para las empresas que operan en el mercado único y más allá de sus fronteras. En 2014 la Comisión Europea aprueba la Comunicación: Una nueva estrategia de la UE 2011-14 sobre Responsabilidad Social Corporativa (COM(2011) 681 final); que dota de una nueva definición al término RSC que pone por primera vez el foco en la responsabilidad sobre los impactos ocasionados por las empresas y en la protección de los derechos de las personas. La nueva definición de RSC, "la responsabilidad de las empresas sobre sus impactos en la sociedad" se revela como un cambio de paradigma en la política de la Comisión y destierra el debate la voluntariedad, concepto que ha limitado durante años el avance de políticas de RSC. La nueva comunicación supone una ruptura con la visión anterior de la RSC ya que el enfoque actual está basado en derechos e impactos. Incide en la protección de derechos fundamentales y hace referencia a la necesidad del cumplimiento de la legislación y de identificar, prevenir y mitigar los posibles impactos que las empresas puedan ocasionar por su actividad. Incide también en la necesidad de un mix de medidas voluntarias y regulatorias y no dejar exclusivamente la RSC en el ámbito de la autorregulación.

Paralelamente y, en una fase inicial de este proceso, la UE adoptó el Reglamento de la Madera en 2010, aplicable desde 2013. Este instrumento legal introdujo la prohibición de la comercialización de madera talada ilegalmente dentro del territorio comunitario, al mismo tiempo que impuso a los operadores la obligación de implementar procedimientos de «diligencia debida» para asegurar la legalidad de sus productos. Posteriormente, en junio de 2016, se consensuó una normativa destinada a abordar la problemática del comercio de los denominados «minerales de conflicto». En 2017, el Parlamento Europeo emitió una resolución centrada en la industria de la confección, instando a la Comisión Europea a desarrollar un marco regulatorio que mitigara las problemáticas relacionadas con el respeto de los derechos humanos que afligen a este sector.

Un avance significativo en la lucha contra la explotación laboral se materializó el 9 de junio de 2022, cuando el Parlamento Europeo aprobó una resolución que abogaba por la prohibición de la importación a la UE de cualquier producto cuya fabricación hubiera involucrado trabajo forzoso. Los legisladores europeos coincidieron en la necesidad de que un futuro «instrumento legislativo» impidiera la entrada de mercancías originarias de regiones donde las autoridades gubernamentales recurren a la imposición de trabajo forzoso, citando como ejemplo paradigmático la región autónoma de Xinjiang Uyghur, responsable de aproximadamente el 20% de la producción mundial de algodón. En respuesta a esta demanda, la Comisión Europea presentó, el 14 de septiembre de 2022, una propuesta formal para la prohibición de la importación de productos elaborados mediante trabajo forzoso. Tras el correspondiente proceso de deliberación y aprobación por parte del Parlamento Europeo y del Consejo de la Unión Europea, esta normativa entró en vigor el 13 de diciembre de 2024.

En febrero de 2022, la Comisión Europea presentó una propuesta de directiva europea sobre debida diligencia empresarial, que sugiere establecer, por primera vez, amplias obligaciones empresariales de identificación, prevención y mitigación de riesgos e impactos sobre los derechos humanos y el medio ambiente en sus operaciones y cadenas globales de valor. El texto final fue adoptado por el Parlamento Europeo el 24 de abril de 2024 y el Consejo el 24 de mayo de ese mismo año. Ha entrado en vigor 20 días después de su publicación en el Diario Oficial y los países tienen dos años para transponerla a las legislaciones nacionales. Esta normativa exige a un conjunto de empresas europeas (más de 1.000 empleados y 450 millones de facturación) o de terceros países que operen en la UE (más de 450 millones de facturación en la misma) el establecimiento de procesos de debida diligencia en derechos humanos y medioambientales. Esto implica la toma de medidas necesarias y eficaces para identificar, prevenir, mitigar, rendir cuentas y responder por los impactos negativos, reales o potenciales, tanto de sus propias actividades como de las de su cadena de actividades. Así mismo, la Directiva recoge aspectos esenciales sobre el acceso a la justicia estableciendo requisitos mínimos para que los Estados miembros reduzcan las barreras legales y procesales, garantizando así que las víctimas puedan exigir responsabilidades a las empresas ante los tribunales de la UE en caso de resultar perjudicadas por sus actividades.

2. La transparencia y rendición de cuentas en la gestión de riesgos en derechos humanos

La transparencia sustentada en la participación y la rendición de cuentas es un elemento crítico de la RSC y de la gestión de la debida diligencia en DDHH, un pilar del buen gobierno y una herramienta clave para construir confianza, mantener o mejorar la reputación y la gestión de riesgos (Shehata, 2014; GRI, 2015; Comisión Europea, 2021). A través de la transparencia, la empresa puede transmitir la idea de que forma parte de las sociedades de manera responsable y que, por tanto, está comprometida en afrontar sus retos conjuntamente con el resto de actores que integran las sociedades donde la empresa actúa. Desde una visión de gestión de la relación con las partes interesadas, informar sobre las medidas adoptadas por la empresa para minimizar las externalidades negativas sobre los grupos de interés ayudará a ambas partes, empresas y grupos afectados, a incrementar su grado de conocimiento y, por tanto, la confianza mutua.

Pese a la multiplicidad de herramientas y canales de comunicación existentes, el **informe de sostenibilidad o de RSC** (en adelante se utilizarán ambos términos indistintamente) es el instrumento que las organizaciones utilizan de manera mayoritaria para comunicar e informar sobre el resultado de la gestión de riesgos e impactos sobre los Derechos Humanos. Por tanto, podemos afirmar que es el que más se acerca a un proceso sistemático de rendición de cuentas y así es percibido externamente (Catasús, 2008; Chau y Gray, 2010). El informe de RSC o sostenibilidad supone un paso fundamental para gestionar el cambio hacia una economía global sostenible (GRI et al., 2013, p.5).

El sistema de debida diligencia debe estar basado en un sistema de riesgos y acciones empresariales en constante reevaluación. Este proceso de seguimiento implica evaluar si los impactos negativos identificados y las acciones tomadas por la empresa para detener, prevenir y mitigar se están abordando de manera eficiente y correcta. La empresa debe realizar una evaluación continua y exhaustiva de la aplicación y los resultados de la debida diligencia. De acuerdo con los Principios Rectores de las Naciones Unidas , este seguimiento debe estar basado en indicadores cualitativos y cuantitativos y debe incluir un proceso de comunicación entre la empresa y partes interesadas de manera continua y significativa.

Los procesos de evaluación deben incluir una comunicación continua con las partes interesadas y/o afectadas para asegurarse de que los recursos que se destinan al proceso de diligencia debida se utilizan para los fines adecuados y de manera eficiente. De esta manera, cualquier fallo en el sistema se podrá identificar inmediatamente y mejorar en función de las conclusiones de la evaluación. Una vez aplicada la debida diligencia e implantado un sistema de supervisión la empresa debe rendir cuentas de los resultados obtenidos. En este sentido se espera de la empresa explique qué medidas ha adoptado para hacer frente a los impactos sobre los derechos humanos y los resultados de las mismas. La información publicada por la empresa en el ámbito de los derechos humanos debe ser accesible para el público al que se dirige, proporcionar información suficiente y pertinente para los interesados en relación a las consecuencias de la empresa sobre los derechos humanos y la respuesta de la misma ante los riesgos identificados. La comunicación en sus diversas formas no debe entrañar riesgos para los titulares de derechos u otras personas (por ejemplo, defensores de los derechos humanos, periodistas, funcionarios públicos locales o personal de la empresa). Las formas de comunicación pueden ser diversas, desde talleres con grupos de interés hasta informes anuales. En cualquier caso, la información debe ser material, relevante, neutral y a ser posible comparable.

Podemos concluir que la debida diligencia en materia de derechos humanos implica que las empresas sean conscientes de los impactos negativos de su actividad y de cómo gestionarlos, pero también que sean capaces de comunicarlos de manera adecuada, es decir, permitiendo a las partes interesadas y los titulares de derechos potencialmente afectados estar informados de cómo las decisiones de la empresa podrían afectar a sus intereses.

Pese a que un gran número de empresas presentan información sobre la gestión de los derechos humanos, los **sistemas voluntarios de información afrontan desafíos importantes**, entre los que se encuentran generar un core de indicadores que hagan la información comparable entre empresas y unificar los diferentes formatos y el uso de métricas y metodologías de procesamiento y presentación de información (Lydenberg et al., 2010). El actual sistema de proveer información a través de estándares voluntarios implica que cada empresa selecciona un conjunto de indicadores en formatos diversos y todo ello rompe con la comparabilidad de los informes (ACCA y

Eurosif, 2013; Comisión Europea, 2021), dificulta a las partes interesadas el análisis de la información e impide, en última instancia, que los informes alcancen su pleno potencial como herramientas de comunicación y participación de las partes interesadas. Lydenberg et al. (2010) señalan que, para una adecuada evaluación de la empresa, es necesario contar con información sobre cómo son gestionados los aspectos sociales y medioambientales, una comparativa con respecto a otras empresas, qué objetivos se ha fijado la empresa en relación con un conjunto de indicadores clave y qué resultados ha alcanzado. Los autores plantean que la **mejor forma de hacer frente a estos desafíos de la información no financiera es a través de la regulación**. Un marco regulatorio preciso facilita la comparabilidad y esta tendrá un efecto mimético entre empresas de un mismo sector lo que redundará en una competitividad que, en última instancia, favorece la sostenibilidad. Por su parte, la **Comisión Europea (2021) considera la información no financiera como bien público y señala las limitaciones de un mercado no regulado**, al considerar poco probable que el suministro de información de forma voluntaria satisfaga las necesidades de los usuarios. Sin embargo, si la regulación no es suficientemente precisa y está acompañada de sistemas de supervisión que garanticen su cumplimiento, la legislación no contribuirá a una mayor transparencia y calidad de la información (Baumann-Pauly et al., 2017).

En la actualidad (2022), varios países cuentan con normativa que requiere a un conjunto de empresas que se encuentren bajo unos parámetros (tamaño, tener la condición de interés público o estar incluida en un sector de actividad son algunos ejemplos) la presentación de información no financiera. En el caso de Europa, el 22 de octubre de 2014 es aprobada la **Directiva 2014/95/UE del Parlamento Europeo y del Consejo**, por la que se modifica la Directiva 2013/34/UE en lo que respecta a la divulgación de información no financiera e información sobre diversidad por parte de determinadas grandes empresas y determinados grupos (Directiva 2014/95/UE). La directiva 2014/95/UE, que surge de la "necesidad de mejorar la divulgación de información de contenido social y medioambiental por parte de las empresas" (Unión Europea, 2014, p. 1), establece que "las grandes empresas que sean entidades de interés público que, en sus fechas de cierre del balance, superen el criterio de un número medio de empleados superior a 500 durante el ejercicio, incluirán en el informe de gestión un estado no financiero que contenga información, en la medida en que resulte necesaria para comprender la evolución, los resultados y la situación de la empresa, y el impacto de su actividad, relativa, como mínimo, a cuestiones medioambientales y sociales, así como relativas al personal, al respeto de los derechos humanos y a la lucha contra la corrupción y el soborno" (Unión Europea, 2014. Artículo 1). Dicha información debe basarse en marcos de referencia comunitarios o internacionales (como los Principios Rectores de la ONU o las Líneas Directrices de la OCDE), y debe ser divulgada de modo que sea accesible y comprensible para los diferentes grupos de interés.

Aspectos generales de la Directiva

¿Quiénes son sujetos obligados?

Empresas de más de 500 trabajadores. En el caso de grupos de empresas, la información deberá presentarse a nivel de grupo.

¿A qué están obligados?

A presentar, con periodicidad anual, un informe ("estado no financiero") que contenga información sobre aspectos medioambientales, sociales, de derechos humanos y sobre la lucha contra el soborno y la corrupción.

> *¿Cuál debe ser el contenido del estado no financiero?*
>
> La Directiva establece que dicho documento debe incluir:
> - Descripción del modelo de negocio de la empresa.
> - Descripción de las políticas que aplica la empresa en los temas anteriormente mencionados (o una explicación motivada de su ausencia), incluyendo los procedimientos de diligencia debida aplicados.
> - Descripción de los resultados de esas políticas.
> - Descripción de los principales riesgos vinculados a las actividades de la empresa, incluyendo sus relaciones comerciales, productos o servicios que puedan tener efectos negativos, y cómo la empresa gestiona dichos riesgos.
> - Indicadores de resultados de gestión adecuados a las actividades y presencia territorial de la empresa.

La transposición de la directiva por parte de los países obligados ha sido desigual en cuanto al alcance (empresas sujetas a cumplimiento), precisión del contenido requerido, sistema sancionatorio o exigencia de verificación de la información por parte de un tercero. En el caso de España, La Directiva de la UE fue transpuesta a la legislación española mediante el Real Decreto-Ley 18/2017, posteriormente sustituido por la Ley 11/2018 en materia de información no financiera y diversidad. En la misma, se establece la obligatoriedad de presentar el estado de información no financiera como punto separado del orden del día para su aprobación por parte de la junta general de accionistas. Igualmente, se menciona que la información incluida en el estado de información no financiera será verificada por un prestador independiente de servicios de verificación.

Los principios generales de la regulación española coinciden con los de la Directiva europea, si bien se introducen ciertas precisiones en cuanto a las temáticas sobre las que las empresas deben reportar. En el caso de la información relativa a los derechos humanos, la Ley 11/2018 menciona que los estados de información no financiera emitidos anualmente por las empresas deben incluir la siguiente información:

- Procedimientos de debida diligencia aplicados

- Medidas para prevenir, mitigar, gestionar y reparar vulneraciones de derechos

- Denuncias o casos de vulneración de derechos humanos registrados

- Medidas para promover y garantizar los derechos laborales

También se establece que las empresas deben informar acerca de la inclusión de compromisos relativos a los derechos humanos en sus políticas de compras y contratos con proveedores o socios de negocio, así como los mecanismos de supervisión y auditorías de cumplimiento de dichos compromisos.

Finalmente, la Ley 11/2018 establece una serie de requisitos de información en relación con las comunidades locales, como el impacto de la actividad de la empresa en el territorio, el empleo y el desarrollo local o las relaciones mantenidas con los actores de las comunidades locales (incluyendo las modalidades del diálogo).

En el caso de la Directiva 2014/95/UE, estaríamos ante un tipo de **regulación blanda** debido a que a pesar de la existencia de un conjunto de principios comunes, la falta de disposiciones obligatorias en lo que se refiere a los contenidos, definición de metodologías en la recopilación de la información, alcance de la información y comparabilidad, junto con la posibilidad de apelar a la cláusula de puerto seguro, deja un amplio margen de discrecionalidad a la empresa. Pese a la transposición de la directiva a la legislación de los Estados miembros, la falta de criterios específicos sobre la información a reportar y la carencia de mecanismos adecuados de supervisión que aseguren su cumplimiento, limita la eficacia de la Ley y la utilidad de los Estados de Información no Financiera (EINF) (Comisión Europea, 2021). Los avances en la calidad de la información no financiera impulsados por la directiva no son suficientes y la información provista por las empresas en términos generales no es relevante, material, fiable y comparable (Observatorio de RSC, 2020; Alliance for Corporate Transparency, 2020; Comisión

Europea, 2021) y, en la mayor parte de los casos, tiene una orientación alejada del objetivo de rendición de cuentas que persigue la directiva, orientándose hacia una exposición de logros empresariales y buenas prácticas.

En febrero de 2020, la Comisión Europea inicia la revisión de la Directiva 2014/95/UE abriendo una consulta pública que finalizó el 11 de junio de ese mismo año. El resultado del proceso de revisión de la directiva de información no financiera desemboca en la propuesta del 21 de abril de 2021 por parte de la Comisión Europea de la **Directiva de Informes de Sostenibilidad Corporativa (CSRD)**. En diciembre de 2022 es aprobada la **Directiva (UE) 2022/2464 del Parlamento Europeo y del Consejo de 14 de diciembre de 2022** por la que se modifican el Reglamento (UE) n.º 537/2014, la Directiva 2004/109/CE, la Directiva 2006/43/CE y la Directiva 2013/34/UE, por lo que respecta a la presentación de información sobre sostenibilidad por parte de las empresas. La norma, que viene a sustituir a la directiva 2014/95/UE, **amplía el ámbito de aplicación a un mayor número de empresas**, incluyendo a todas las grandes empresas (43.500 a 18 de mayo de 2022 de acuerdo con Eurostat), así como a las pymes cotizadas. La Directiva 2022/2464 UE pretende acercar a la información no financiera al mismo nivel de relevancia, rigurosidad, exhaustividad y control que se espera de la información financiera. En paralelo al desarrollo de la nueva directiva, la Comisión Europea encarga al European Financial Reporting Advisory Group (EFRAG) desarrollar un proyecto de norma de reporte "universal" para Europa, alineada con los requisitos de otras recientes normativas como el Reglamento de Divulgación de Finanzas Sostenibles (SFDR) o de Taxonomía. En noviembre de 2022, un primer borrador compuesto por doce estándares de sostenibilidad ha sido presentado a la Comisión Europea, que ha si do aprobado en julio de 2023 mediante acto delegado. Está previsto que las empresas los apliquen de forma gradual, en primera instancia las grandes empresas en los informes publicados en 2025 y referidos al ejercicio fiscal de 2024 y a partir de 2026 las pymes cotizadas.

Junto con las iniciativas anteriores, existen requerimientos normativos que exigen a las empresas que informen de los riesgos, impactos y las medidas adoptadas en áreas específicas de los derechos humanos. La Directiva de Diligencia Debida en su artículo 16 establece que las empresas obligadas informen de los aspectos regulados por la presente Directiva mediante la publicación en su sitio web de una declaración anual. Este mismo artículo establece una exención para las empresas que estén a su vez sujetas a los requerimientos de información de acuerdo con la Directiva de Información sobre sostenibilidad.

Por su parte, los **Principios Rectores sobre las Empresas y los Derechos Humanos, siguen siendo uno de los documentos clave para entender el impacto de las empresas en los derechos humanos**. Los Principios Rectores establecen que "*La responsabilidad de respetar los derechos humanos exige que las empresas cuenten con políticas y procesos para saber y hacer saber que respetan los derechos humanos en la práctica. Hacer saber implica comunicar, ofrecer transparencia y rendir cuentas a las personas o grupos que puedan verse afectados y a otros interesados, incluidos los inversores. La comunicación puede adoptar diversas formas, como reuniones personales, diálogos en línea, consultas con los afectados e informes públicos oficiales. También la información oficial está evolucionando, desde los tradicionales informes anuales y los informes de responsabilidad/ sostenibilidad empresarial hacia la inclusión de actualizaciones en línea e informes integrados financieros y no financieros. (...) Los informes deberían abarcar temas e indicadores sobre la forma en que las empresas identifican y responden a las consecuencias negativas sobre los derechos humanos. La verificación independiente de los informes sobre derechos humanos puede mejorar su contenido y su credibilidad*[1]."

---

1   Principios Rectores sobre las Empresas y los Derechos Humanos, p. 33.

3. Estudio de caso: tendencias de la información sobre la gestión de los riesgos en DDHH por parte de las empresas del Ibex 35

3.1 Objetivo y metodología

El objetivo del estudio de caso es evaluar la tendencia de la información sobre la gestión de impactos en los derechos humanos por parte de las empresas del IBEX 35 en el periodo 2017-2022. En el periodo estudiado la información sobre gestión de riesgos e impactos en derechos humanos ha dejado de ser una cuestión voluntaria, para pasar a ser un aspecto regulado. Por otro lado, en este periodo se han producido importantes novedades regulatorias que exigen a las empresas una debida diligencia en sus operaciones.

De manera simultánea a este despliegue normativo, se han desarrollado en los últimos años modelos de análisis de la información no financiera. El más prestigioso en España es el desarrollado por el Observatorio de RSC, que es que vamos a tener en consideración en este estudio de caso: s**e han tomado como base los resultados de los estudios del Observatorio de RSC en el periodo 2017-2022 que han analizado los informes de gestión, Estados de Información no Financiera (EINF), memorias de sostenibilidad, Informe Anual, Informe Integrado, Cuentas Anuales, Informe de Gobierno Corporativo, Informe y Política de Remuneraciones, Informes de las Comisiones, Códigos Éticos, Reglamentos, Políticas, Planes, Estrategias y otros documentos relevantes.**

En el desarrollo de la metodología que se ha traducido en una herramienta de análisis con conjunto amplio de indicadores se han tenido en cuenta las iniciativas reflejadas en la tabla 1:

Tabla 1. Referencias de Derechos Humanos y de Derechos Laborales

Iniciativa	Institución o ámbito territorial	Año
Propuesta de Directiva del Parlamento Europeo y del Consejo sobre diligencia debida de las empresas en materia de sostenibilidad y por la que se modifica la Directiva (UE) 2019/1937	Unión Europea	2022
Global Reporting Iniciative	Organización privada	Diversos ejercicios
Reglamento (UE) 2020/852 del Parlamento Europeo y del Consejo de 18 de junio de 2020 relativo al establecimiento de un marco para facilitar las inversiones sostenibles y por el que se modifica el Reglamento (UE) 2019/2088.	Unión Europea	2020
Una Unión de la igualdad: Estrategia para la Igualdad de Género 2020-2025	Unión Europea	2020
Real Decreto-Ley 6/2019, de 1 de marzo, de medidas urgentes para garantía de la igualdad de trato y de oportunidades entre mujeres y hombres en el empleo y la ocupación	España	2019
Guía de la OCDE de Debida Diligencia para una Conducta Empresarial responsable	Organización para la Cooperación y el Desarrollo Económico	2018
Plan de Acción Nacional de Empresas y Derechos Humanos	España	2017
Declaración tripartita de principios sobre las empresas multinacionales y la política social - 5ª edición	Organización Internacional del Trabajo	2017

Iniciativa Green Card sobre el deber de vigilancia en materia de derechos humanos.	Unión Europea	2016
Principios Rectores sobre las empresas y los derechos humanos	Organización de Naciones Unidas	2011
Líneas Directrices de la OCDE para empresas multinacionales	Organización para la Cooperación y el Desarrollo Económico	2011

La estructura temática del análisis valorativo está compuesta por dimensiones y subdimensiones. A continuación, se expone la estructura en la que se encajan los 70 indicadores analizados.

INDICADORES DE DERECHOS HUMANOS		
Área	**Dimensión**	**Subdimensión**
	Política de Derechos Humanos	
	Debida diligencia	Identificación y gestión de riesgos
		Gestión Debida Diligencia
		Comunidades Locales e Indígenas
		Relaciones Comerciales
Derechos Humanos		
	Cadena de suministro	Control de la cadena de suministro
		Derechos Laborales fundamentales
	Acceso a remedio	

Los **criterios de valoración seguidos** son los siguientes:

- **Valoración en base a la materialidad:** se han establecido criterios específicos para cada empresa en base a la materialidad que viene determinada por la actividad desarrollada y la presencia geográfica.

- **Valoración cuantitativa:** De los indicadores cualitativos se obtiene una valoración numérica sobre un gradiente posible de 0 puntos a 100 puntos. La valoración de cada subdimensión se obtiene en base a porcentaje de cumplimiento. Cada subdimensión se agrega a la dimensión y cada dimensión al área.

ESCALA DE VALORACIÓN		
INDICADOR	APLICA / NO APLICA	EN CASO DE QUE APLIQUE CUMPLE / NO CUMPLE

El porcentaje de indicadores sobre los que se informa no coincide con la puntuación final obtenida por la empresa ya que cada subdimensión tiene un peso/ ponderación específica sobre la dimensión de la que pende y cada dimensión tiene un peso/ ponderación específica sobre el área. Las ponderaciones se han asignado teniendo en consideración la importancia de la subdimensión y de la dimensión. La puntuación final se obtiene de una media aritmética de la puntuación obtenida en todas las áreas.

3.2. Resultados de la investigación

3.2.1 Resultados generales

A lo largo de los seis años estudiados, el área de Derechos Humanos ha tenido una evolución positiva, pasando de 15,37 puntos en 2017 a 31, 62 puntos en 2022. No obstante, las mejoras registradas son insuficientes desde una perspectiva de rendición de cuentas.

Gráfico 1. Puntuación global en área de Derechos Humanos (2017-2022)

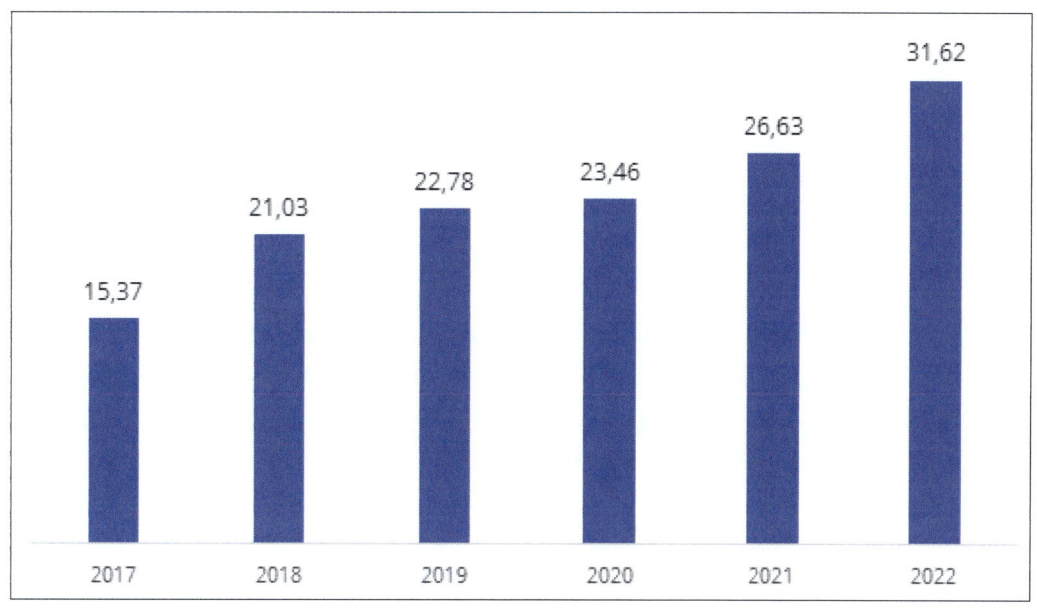

Fuente: Observatorio de RSC

A lo largo del período analizado, se observa una marcada divergencia entre las empresas con mejores y peores puntuaciones en materia de Derechos Humanos. En 2017, Acciona lideró el ranking con **41,63 puntos sobre 100**, mientras que Acerinox obtuvo la puntuación más baja, con **0 puntos**. Esta brecha se ha mantenido a lo largo de los seis años estudiados, con diferencias significativas entre las empresas mejor y peor valoradas. El año con la mayor disparidad fue **2018**, cuando Endesa alcanzó la mejor puntuación y Acerinox se ubicó en el extremo opuesto, con una diferencia de **62,5 puntos** entre ambas. En relación con las empresas, destacan positivamente Enagas que incrementa la puntuación 30,72 puntos en el periodo analizado (2017-2022), Telefónica con un avance de 30,39 puntos, Inditex 24,98 puntos. En el otro lado, encontramos a Arcelomittal, con un descenso de 12,79 puntos y Bankinter con una caída de 9,43. Por su lado, Repsol y Caixabank muestran una evolución plana.

En lo relativo a **los sectores de actividad y sus puntuaciones obtenidas en materia de Derechos Humanos,** todos han experimentado una mejora en la información:

− El sector mejor posicionado a lo largo de los seis años ha sido **Petróleo y Energía,** destacando los resultados de Acciona e Iberdrola que se mantienen entre las 4 empresas de las 35 analizadas mejor posicionadas en el área de derechos humanos a lo largo de los seis años. Entre 2017 y 2022 ha evolucionado positivamente con un aumento de 14,44 puntos sobre 100. Entre 2019 y 2020 sufrió un ligero descenso (32,19 puntos frente a los 38,62 del 2019, y 37,18 del 2018). El principal motivo fue la entrada de Solaria y los resultados obtenidos por Endesa, que ese año sufrió un retroceso. El sector de Petróleo y Energía se ha situado en primera posición todos estos años debido a los resultados obtenidos por las compañías que lo conforman.

− El sector **Tecnología y Comunicaciones** presenta una evolución importante en relación con la información sobre derechos humanos entre 2017 y 2022, con un crecimiento de 26,67 puntos en ese periodo. En 2017, obtenía una media de 9,33, situándose en la segunda peor posición en relación con el resto de sectores de actividad. En 2018 la puntuación aumenta exponencialmente, situándose en segunda posición con 21,1 puntos sobre 100. Entre 2020 y 2022 se produce un incremento del sector alcanzando los 36 puntos en ese año, influenciado por los cambios de las empresas que lo componían a lo largo de estos años: en 2020 el sector asciende gracias a la **salida de MásMóvil** del IBEX35 y a la **fuerte subida de Indra** ese mismo año, aumentado la puntuación global del sector de 19,37 en 2019 a 26,17. En 2022, la puntuación aumenta debido principalmente a las mejores valoraciones que obtienen Amadeus, Cellnex, Indra y Telefónica, especialmente Cellnex, que sube 13 puntos.

- El sector **Servicios de Consumo** es el segundo sector que presenta una evolución más llamativa, con un incremento de 24,75 puntos entre 2017 y 2022, pasando de 8,25 a 33 puntos, ocupando la tercera posición en 2022. La evolución experimentada se debe a las puntuaciones obtenidas por las tres empresas que conforman el sector: AENA, IAG y Melià Hotels, entre las cuales **destaca especialmente AENA.**

- El sector **Bienes de Consumo** evoluciona positivamente entre 2017 y 2022 aumentando entre estos años un total de 11,36 puntos. Entre 2020 y 2021, su puntuación desciende a causa de los movimientos en el índice del IBEX 35, pasando de la segunda a la sexta posición entre 2019 y 2020. Este descenso se explica por la entrada de dos farmacéuticas (cuya valoración se situó en la parte baja del ranking de empresas IBEX 35), pero también por la obtención de peores resultados por parte del resto de las empresas que componen el sector. En 2022 las empresas que componen el sector mejoran su valoración general, pasando así del sexto al cuarto lugar. Este año, la mejoría viene impulsada sobre todo por Grifols.

- El sector de **Servicios financieros e Inmobiliarios** experimenta una evolución positiva con un aumento en su puntuación de 11,15 puntos entre 2017 y 2022. La mejora más llamativa del sector se da entre 2019 y 2020.

- El sector de **Materiales básicos, industria y construcción** también experimenta una mejora, aunque más discreta comparada con el resto de los sectores: entre 2017 y 2022 se observa un incremento de 10,11 puntos.

Tabla 2. Puntuación por sectores en área de Derechos Humanos (2017-2022)

	2017	2018	2019	2020	2021	2022
Servicios de Consumo	8,25	17,93	18,4	22,37	27,45	33
Bienes de Consumo	14,64	17,34	21,15	16,54	19	26
Materiales básicos, industria y construcción	15,89	16,6	18,43	18,11	23,73	26
Petróleo y Energía	28,56	37,18	38,62	32,19	36,78	43
Servicios Financieros e Inmobiliarias	13,85	16,11	19,42	23,96	25,03	25
Tecnología y Comunicaciones	9,33	21,1	19,37	26,17	27,68	36

Fuente: Observatorio de RSC

Gráfico 2. Puntuación por sectores en área de Derechos Humanos (2017-2022)

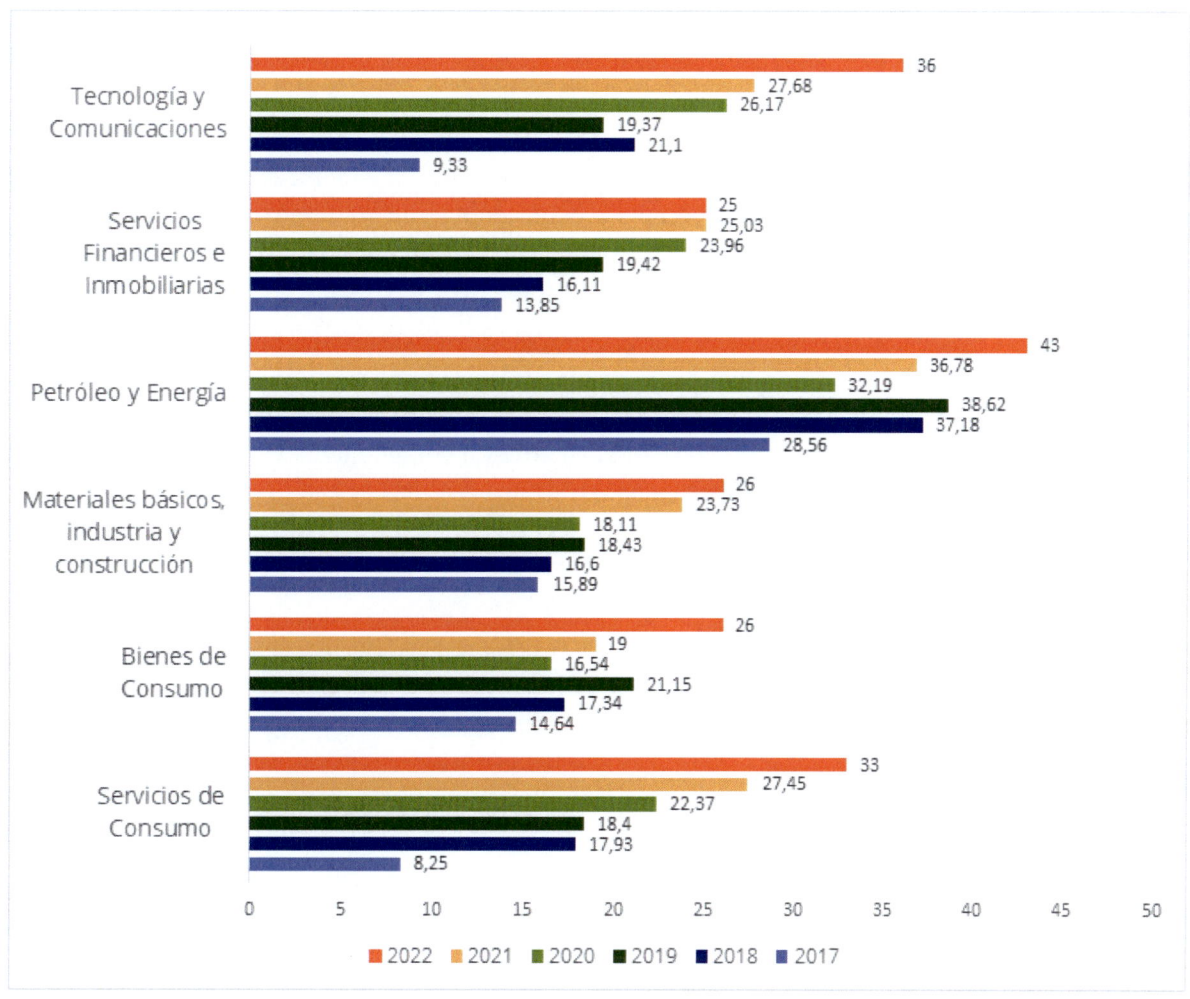

Fuente: Observatorio de RSC

En cuanto a la evolución de las dimensiones estudiadas en el área de Derechos Humanos en el periodo estudiado ésta ha sido **positiva en todas ellas.** Entre 2017 y 2022, las empresas han facilitado información de más calidad, especialmente en la dimensión de **Política de Derechos Humanos,** que muestra el mayor avance. Le siguen **Cadena de Suministro y Debida Diligencia,** mientras que **Acceso a Remedio** se mantiene con las puntuaciones más bajas, reflejando un menor nivel de transparencia y compromiso en comparación con el resto de dimensiones.

Tabla 3. Puntuación por dimensiones en área de Derechos Humanos (2017-2022)

	2017	2018	2019	2020	2021	2022
Política de Derechos Humanos	34	29	36	36	40	45
Cadena de suministro	12	25	27	26	28	33
Debida Diligencia	11	17	17	19	24	29
Acceso a remedio	11	13	13	13	16	20

Fuente: Elaboración propia

3.2.2. Resultados por dimensiones

A continuación, se ofrece la evolución de los resultados en cada una de las cuatro dimensiones de derechos humanos analizadas a partir de la información no financiera proporcionada por las empresas del IBEX 35 entre 2017 y 2022.

Política de Derechos Humanos

Como parte del compromiso y de los procesos de debida diligencia encaminados a evitar vulnerar o ser cómplice de la vulneración de los derechos humanos, la empresa debe adoptar una declaración política, que sea pública, aprobada al más alto nivel y establezca las expectativas de derechos humanos del personal, socios comerciales y otras partes directamente vinculadas con sus operaciones, productos o servicios.

La Ley 11/2018 sobre información no financiera y diversidad, solicita a las empresas obligadas que informen sobre las políticas que aplican a las diferentes materias cubiertas por la ley, entre ellas, los derechos humanos. En relación con los resultados, **el número de empresas que cuentan con una política específica en materia de derechos humanos evoluciona muy positivamente**: alcanzando en 2022 un cumplimiento casi generalizado (82% de las empresas cuentan con una política en derechos humanos). El impacto de la Ley 11/2018 es patente con la evolución de resultados entre 2017 y 2018, en el que el cumplimiento pasa a ser de un 37% de las empresas analizadas a un 64% de ellas- suponiendo un crecimiento de 26 puntos porcentuales.

Gráfico 3. Empresas cuentan con una política formal en materia de Derechos Humanos[2]

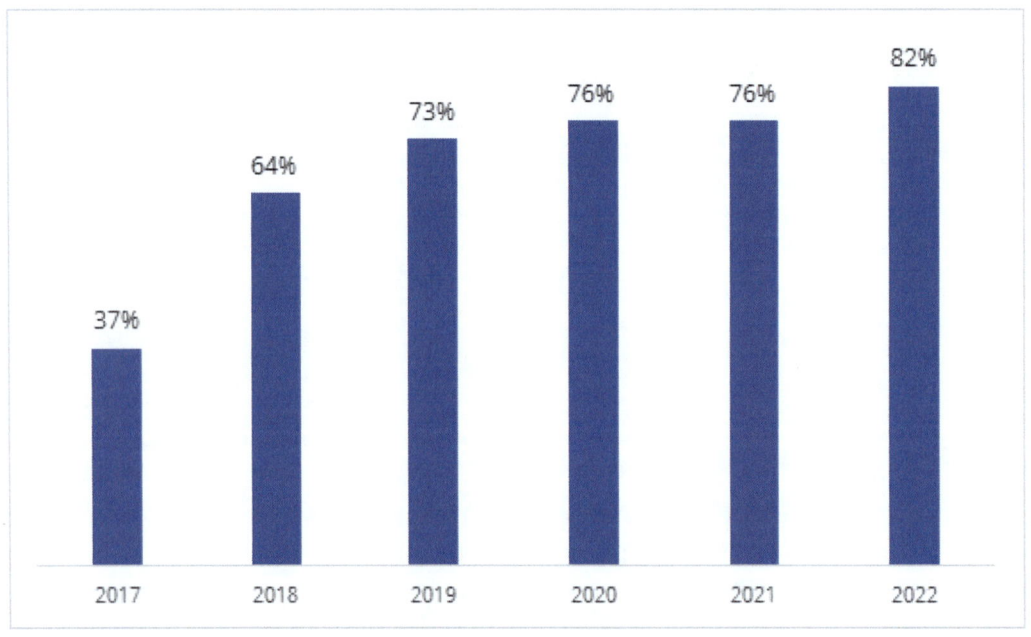

Fuente: Observatorio de RSC

Pese al amplio número de empresas que tienen una política en Derechos Humanos, es menor las empresas que extienden este compromiso a proveedores, subcontratistas y socios comerciales y que su aplicación sea global. El cumplimiento de este indicador ha sido desigual a lo largo de los 6 años analizados. Así lo podemos observar en el siguiente gráfico:

---

2   Cabe mencionar que en 2017 el análisis fue sobre un total de 35 empresas, mientras que entre 2018 y 2022, se realizó sobre 33 empresas.

Gráfico 4. Resultados indicadores política en materia de DDHH

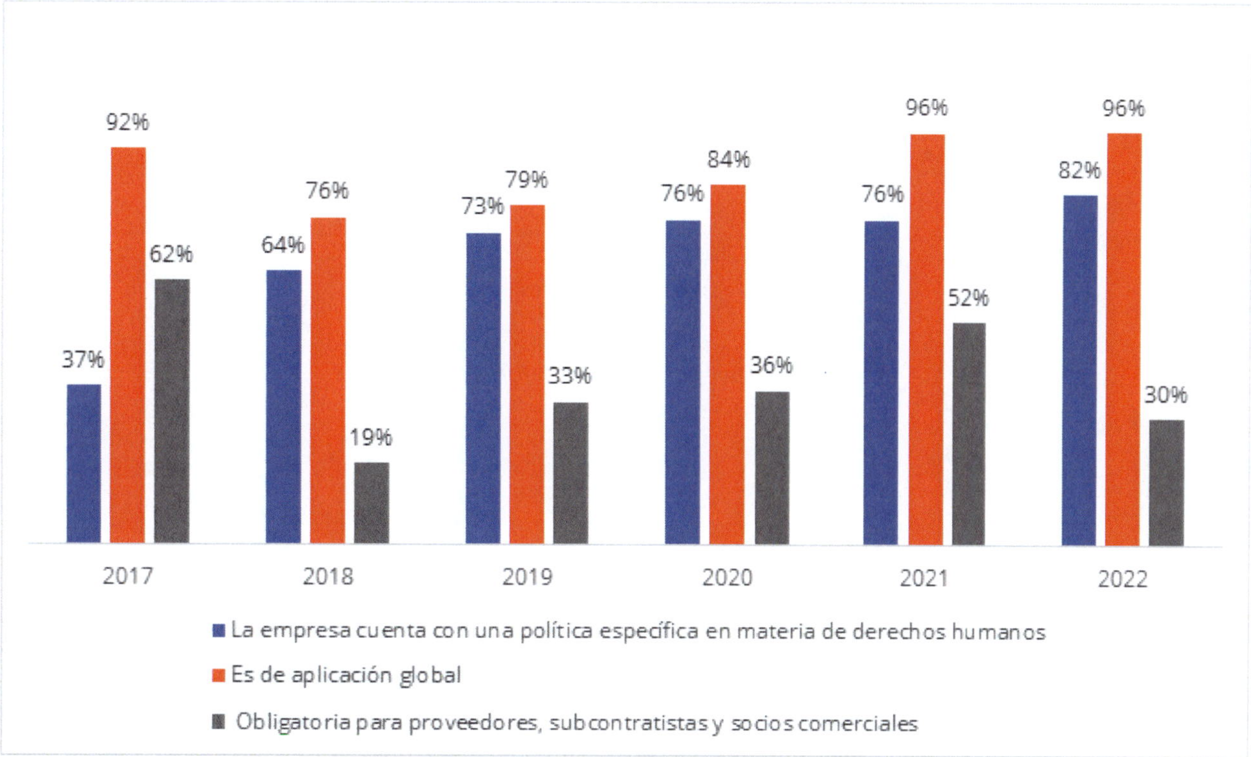

Fuente: Observatorio de RSC

Debida Diligencia

Como hemos comentado anteriormente, la debida diligencia en el contexto empresarial se entiende como **la obligación por parte de la empresa y sus responsables de evaluar los riesgos asociados a cada transacción y actividad y poner los medios necesarios para que estos no se materialicen**[3].

En la dimensión de Debida Diligencia se han analizado cuatro subdimensiones: **Identificación y Gestión de Riesgos, Gestión de la Debida Diligencia, Comunidades Locales e Indígenas, y Relaciones Comerciales**.

La valoración promedio de la dimensión de Debida Diligencia ha ido aumentando año tras año alcanzando en 2022 una valoración de 28,63 frente a 23,74 en el año 2021, aunque todavía se encuentra muy lejos de la dimensión mejor valorada Política de Derechos Humanos, que en 2022 puntuaba con 44,85.

Sobre **los procedimientos de diligencia debida** aplicados para la identificación, evaluación, prevención y atenuación de riesgos e impactos significativos en materia de derechos humanos, el porcentaje de empresas que **presentan información significativa** en sus EINF ha subido a un 69% en 2022 frente a un 20% en 2017. Ahora bien, la Ley también establece que se ha de proporcionar información sobre los **resultados de los procedimientos de debida diligencia aplicados.** El número de empresas que informa sobre los resultados obtenidos en sus procedimientos de debida diligencia ha pasado de ser tan solo 6- es decir, un 18% del total en 2017-, a 10 empresas en 2022, un total del 30%.

---

3   Para más información se recomienda consultar la guía publicada por el Observatorio de RSC: "Guía de derechos humanos para empresas. La aplicación de la debida diligencia y el reporting", 2022

Tabla 4. Procedimientos de debida diligencia y resultados (2018-2022)

	2018	2019	2020	2021	2022
Informa de procedimientos de debida diligencia aplicados para identificación, evaluación, prevención de riesgos	36%	45%	52%	66%	69%
Resultados de procedimientos de debida diligencia aplicados	18%	21%	24%	30%	30%

Fuente: Observatorio de RSC

Gráfico 5. Procedimientos de debida diligencia y resultados

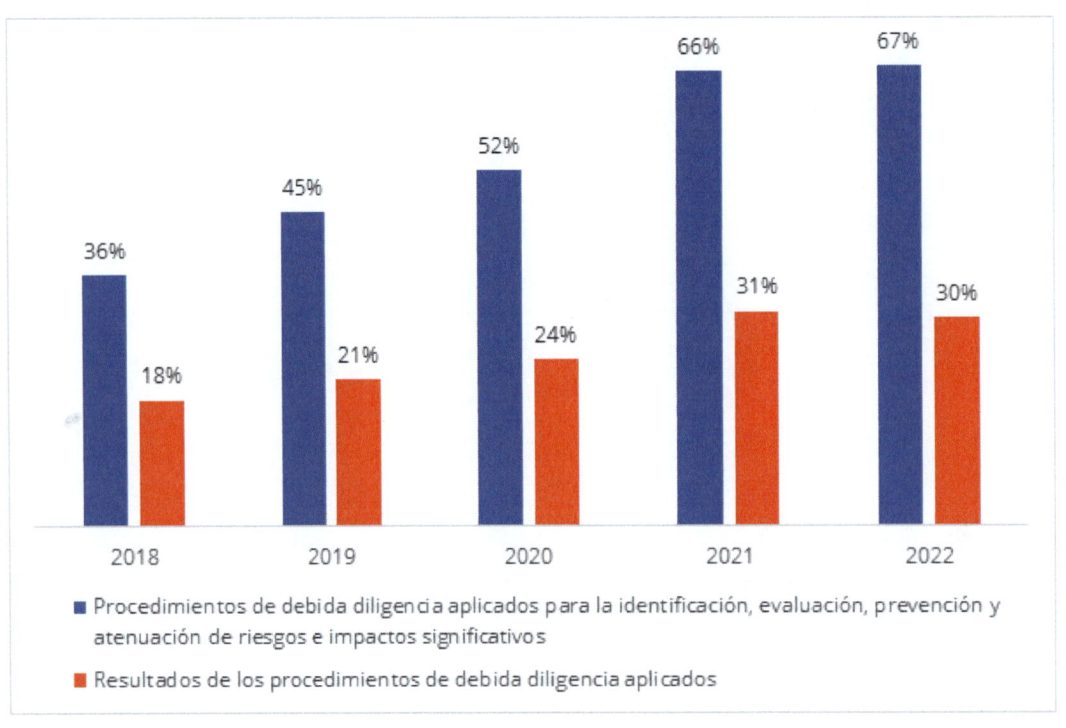

Fuente: Observatorio de RSC

Identificación y gestión de riesgos

El concepto de riesgo en materia de derechos humanos debe ser entendido como **el riesgo que las operaciones o actividades de una empresa pueden suponer para las personas y sus derechos**, debe diferenciarse por lo tanto del riesgo que pueda suponer para la propia empresa (riesgo reputacional, legal, penal...) el estar envuelta en un caso de vulneración de los derechos humanos, a pesar de que ambos estén relacionados.

La Guía de la OCDE de debida diligencia explica las posibles fuentes de riesgo que una empresa tiene que valorar, informar y evaluar en una primera fase del proceso de debida diligencia. Así menciona los riesgos de vulneración de derechos humanos pueden provenir por riesgos característicos del sector (por ejemplo el impacto del sector extractivo en comunidades locales); riesgos que provienen del insumo o del propio proceso de producción del producto (por ejemplo el sector de confección y el riesgo de trabajo precario); el riesgo que conlleva producir, comprar o llevar a cabo la actividad en países poco garantistas de los derechos humanos; y finalmente los riesgos asociados a la propia empresa (que puede por ejemplo tener un historial deficiente en relación con el respeto de los derechos humanos)[4].

---

4   Guía de la OCDE de debida diligencia para una conducta empresarial responsable, p. 68.

En 2017, solo 7 de las 35 empresas analizadas informaban sobre estos riesgos, mientras que, en 2022, este número aumentó a 17 empresas, lo que representa un incremento relevante en el periodo analizado.

De las empresas que identifican los riesgos asociados a sus actividades, el porcentaje que profundiza y expone los posibles derivados de sus relaciones comerciales, productos o servicios se ha mantenido, en general, relativamente alto. En 2018, 8 de 12 empresas (un 67%) publicaban esta información; en 2019, 9 de 13 (un 69%), lo que supuso un leve aumento; en 2020, 10 de 11 empresas (un 91%); en 2021, 13 de 14 (un 93%); y finalmente, en 2022, con una ligera disminución, 15 de 17 empresas (un 88%) profundizaban en los riesgos derivados de sus relaciones comerciales, productos o servicios.

El número de empresas que informan sobre los **procedimientos utilizados para detectar los riesgos en materia de derechos humanos y evaluarlos** se ha incrementado a lo largo de los seis años de análisis. En 2017, 7 empresas exponían esta información frente a 19 empresas en 2022. Este indicador mejoró considerablemente entre 2020 a 2021, pasando de 11 empresas que informan a 14, y también entre 2017 y 2018, pasando de 7 a 12 empresas. Sin embargo, a lo largo de los seis años, la información provista por las empresas se ha caracterizado por ser muy generalista y poco precisa, por lo tanto, todas las empresas tienen que avanzar en la calidad de la información suministrada.

Aunque cada vez más empresas informan que detectan impactos, siguen siendo muy pocas las que informan sobre ellos de manera específica y diferenciada en sus EINF. En 2018 y 2019, 5 empresas informaron sobre estos impactos; en 2020, fueron 6 empresas; en 2021, 9 empresas; y en 2022, 13 empresas.

Por otro lado, también sigue siendo insuficiente la información suministrada por las empresas sobre los países en riesgo de vulneración de derechos en los que operan. 2021 y 2022 fueron los años en los que más empresas incluyeron esta información en sus EINF, y tan solo fueron 5.

Tabla 5. Identificación y gestión de riesgos (2018-2022)

	2017	2018	2019	2020	2021	2022
Identificación de riesgos ligados a las actividades del grupo	7 empresas (20%)	12 empresas (36%)	13 empresas (39%)	11 empresas (33%)	14 empresas (42%)	17 empresas (52%)
Riesgos derivados de sus relaciones comerciales, productos o servicios[5]		8 empresas (67%)	9 empresas (69%)	10 empresas (91%)	13 empresas (93%)	15 empresas (88%)
Procedimientos utilizados para **detectar y evaluar los riesgos**[6]	-	7 empresas (21%)	9 empresas (28%)	7 empresas (21%)	12 empresas (36%)	19 empresas (58%)
Impactos que se hayan detectado	-	5 empresas (15%)	5 empresas (15%)	6 empresas (18%)	9 empresas (27%)	13 empresas (39%)
Las empresas indican los **países de riesgo en materia de DDHH**	-	3 empresas (9%)	1 empresa (3%)	2 empresas (6%)	5 empresas (15%)	5 empresas (15%)

Fuente: Elaboración propia

Ahora bien, el número de empresas que han planteado su acción empresarial teniendo estos riesgos identificados en cuenta es **extremadamente reducido.** En 2017 ninguna de ellas orientaba sus objetivos desde este prisma. En 2018, 1. En 2019, 2. En 2020, 2. En 2021, 3 y en 2022, 4.

En relación con las comunidades indígenas, aquellas empresas que operan en territorios con riesgo de vulneración que informan haber llevado a cabo procesos de identificación y evaluación de actividades con impacto en comunidades indígenas pasa de 4 empresas en 2017 a 8 empresas en 2022. Se observa una progresión favorable

---

5   El porcentaje se calcula sobre las empresas que identifican los riesgos ligados a las actividades del grupo.

6   Sobre las 33 empresas.

pero lenta. También es muy escaso el número de empresas que publican los proyectos realizados en territorios con presencia de comunidades indígenas, para los cuales han llevado a cabo un proceso de consulta previa, libre e informada con dichas comunidades: entre 2017 y 2019, solamente 1 empresa (Repsol) publicaba información sobre proyectos llevados a cabo en territorios con presencia de comunidades indígenas, para los cuales se había realizado dicho proceso de consulta previa, libre e informada. En 2020 y 2021 este número aumentó a 3 pero, frente a este aumento, en 2022 se redujo de nuevo a 1 empresa.

Control de la Cadena de Suministro

El control de las cadenas de producción es una parte fundamental del ejercicio de debida diligencia en materia de derechos humanos, ya que es dónde, en la mayoría de los casos, se producen los abusos de los derechos humanos. Además de establecer requisitos en relación con sus proveedores y socios comerciales, las empresas deben realizar controles periódicos para asegurase que se cumplen los requerimientos establecidos en contratos o códigos de conducta. En el periodo analizado, las empresas que informan de auditorías de derechos humanos a sus proveedores ha aumentado un total de 18 puntos. Este incremento fue especialmente notable en 2021, cuando el número de empresas pasó de 8 en 2020 a 13 en 2021. De las empresas que informan haber realizado auditorías en materia de derechos humanos a sus proveedores, solo algunas proporcionan detalles sobre el número de proveedores auditados, los impactos negativos actuales o potenciales que encontraron y qué acciones han adoptado: terminación de la relación o acciones de mejora con proveedores.

Las empresas que informan sobre el número de proveedores identificados por impactos sociales negativos actuales o en potencia ha aumentado **considerablemente entre 2017 y 2022.** En 2017, tan solo el 14% de las empresas que informaba de estos procesos de auditoría proporcionaban esta información, mientras que en 2022 este porcentaje incrementa hasta el 77%. Otro factor analizado en materia de auditorías a proveedores es cuántas empresas toman medidas a raíz de los resultados. En los ejercicios de 2017, las empresas informaban en mayor profundidad sobre las medidas tomadas a raíz de los resultados de las auditorías, es decir, si bien el número de empresas que informaban sobre dichas auditorías era menor, la mayor parte de ellas incluía información sobre si se habían llevado a cabo acciones de mejoría con los proveedores o si se había terminado la relación. En 2017, un 57% de las empresas informaba sobre la terminación de relación con algunos sus proveedores auditados y un 71% llevaba a cabo acciones de mejora con ellos. Estos porcentajes han disminuido a lo largo de los años que se ha realizado el ejercicio, y en 2022, tan solo el 23% de las empresas termina relación con algunas de los proveedores auditados y un 31% lleva a cabo ejercicios de mejora con ellos.

Tabla 6. Las empresas y su relación con proveedores en materia de DDHH

	2017	2018	2019	2020	2021	2022
Auditorías de DDHH a sus proveedores	7 empresas (21%)	9 empresas (27%)	8 empresas (24%)	8 empresas (24%)	13 empresas (39%)	13 empresas (39%)
Número de proveedores auditados	7 empresas (21%)	9 empresas (25%)	7 empresas (26%)	6 empresas (19%)	7 empresas (37%)	8 empresas (20%)
Proveedores identificados por **impactos sociales negativos**	1 empresa (14%)	4 empresas (44%)	3 empresas (37%)	2 empresas (25%)	7 empresas (54%)	10 empresas (77%)
La empresa termina la relación con proveedores	4 empresas (57%)	2 empresas (22%)	2 empresas (25%)	1 empresa (12%)	3 empresas (23%)	3 empresas (23%)
La empresa lleva a cabo acciones de mejora con proveedores	5 empresas (71%)	2 empresas (22%)	1 empresa (12%)	1 empresa (12%)	3 empresas (23%)	4 empresas (31%)

Fuente: Observatorio de RSC

Mecanismos de acceso al remedio

Pese a que la empresa actúe con debida diligencia en sus operaciones el riesgo de vulneración de Derechos Humanos no se elimina en su totalidad. Por ello es necesario que la empresa cuente con mecanismos de reparación, por ejemplo, mecanismos de resolución de reclamaciones a disposición de las personas y comunidades afectadas. Los Principios Rectores establecen que para que sea posible atender rápidamente y reparar directamente los daños causados, las empresas deben garantizar la existencia de mecanismos de reclamación eficaces de nivel operacional a disposición de las personas y las comunidades que sufren los impactos negativos.

En el estudio realizado, un número creciente de empresas presentan el número de quejas y reclamaciones recibidas en materia de derechos humanos a través de mecanismo de recepción de quejas. Entre 2018 y 2022 se ha producido un incremento del 45% de empresas que informan sobre las quejas recibidas en 2018 a un 88% en 2022, lo cual presenta una evolución muy positiva en esta materia. Sin embargo, la información es insuficiente: la mayor parte de las empresas dicen no haber recibido ninguna queja en derechos humanos, las que indican el número de quejas, o no mencionan las materias, o al hacerlo no dan suficiente información para conocer si proviene de quejas de los trabajadores directos o de la cadena de suministro. También es deficiente la información en relación con los procedimientos que pueden garantizar la eficacia de estos mecanismos de queja: divulgación y fomento sobre su utilización, garantías de no represalias, tiempos de resolución, distinción entre instrucción y órgano de decisión, agente externo en la gestión del mecanismo...En el caso de que se hayan identificado casos de conflicto en derechos humanos por sus actividades directas o indirectas son muy pocas las que informan sobre los mismos.

4. Conclusiones

Podemos concluir que, aunque hay una mejora de la información en el periodo analizado en el área de derechos humanos, **la falta de especificidad de la Ley 11/2018 sobre su contenido en materia de derechos humanos facilita que las empresas publiquen información poco relevante, o interpreten la información a incluir de manera diferente afectando a la homogeneidad y comparabilidad de la información.** De acuerdo con los resultados de la presente investigación ninguna de las empresas analizadas informa adecuadamente de todos los indicadores requeridos por la ley en relación con los derechos humanos.

Aunque la inclusión de los derechos humanos en la Ley de Información No Financiera puede considerarse un avance relevante en relación con su contexto anterior, en la práctica, los Estados de Información No Financiera de las empresas del IBEX 35 reproducen en muchas ocasiones la heterogeneidad de fórmulas de reporte que tradicionalmente han arrastrado las memorias de sostenibilidad de carácter voluntario, sin suponer un gran avance en términos de exhaustividad y comparabilidad de la información no financiera ofrecida por los sujetos obligados (Oteo, O. V., 2024).

La información está lejos de responder a un proceso de rendición de cuentas que por un lado debe basarse en una "estrategia inclusiva de las partes interesadas" con carácter bidireccional y simétrico (Schultz *et al.*, 2013). De acuerdo con la perspectiva política-normativa, la comunicación en RSC debe ser entendida como un diálogo orientado al consenso que crea una comprensión compartida de la RSC (Schultz *et al.*, 2013). La rendición de cuentas es un elemento fundamental para comprender cómo la empresa está afrontando los riesgos e impactos en derechos humanos. Podemos definir la rendición de cuentas en RSC como aquel proceso que implica, tomando como base un contexto amplio de sostenibilidad, la divulgación en un documento avalado por el máximo órgano de dirección de información neutral, material, relevante, comparable y fiable sobre las políticas, acciones, procesos y resultados obtenidos, durante un periodo determinado, basándose en los objetivos establecidos y las oportunidades, riesgos e impactos económicos, sociales y medioambientales identificados en virtud, entre otros procedimientos, de un diálogo abierto y equilibrado con los grupos de interés.

La Directiva (UE) 2022/2464 de información sobre sostenibilidad y la Normas Europeas de Información Sobre Sostenibilidad (NEIS) pueden mejorar la calidad de la información haciendo que esta sea más relevante, precisa, homogénea, material y comparable. En definitiva, que responda a una de rendición de cuentas. No obstante, el actual proceso Ómnibus iniciado desde la Comisión Europea puede suponer un freno importante para la mejora de la información sobre sostenibilidad y concretamente en el campo de los derechos humanos.

Números Publicados

Serie Unión Europea y Relaciones Internacionales

Serie Política de la Competencia y Regulación